令和４年度学力検査［特別］

国　語

（45分）

岡山県公立高等学校

受検上の注意

1　「始めなさい。」の指示があるまで、問題を見てはいけません。

2　解答用紙は、この表紙の裏面です。

3　指示があったら、解答用紙と問題用紙を全部調べなさい。問題用紙は１ページから11ページにわたって印刷してあります。もし、ページが足りなかったり、やぶれていたり、印刷のわるいところがあったりした場合は、手をあげて監督の先生に言いなさい。そのあと、指示に従って解答用紙に受検番号、志願校名を書き入れてから始めなさい。

4　解答用紙の定められたところに、記号、数、式、ことば、文章などを書き入れて答えるようになっていますから、よく注意して、答えを書くところや書き方をまちがえないようにしなさい。

5　答えが解答欄の外にはみ出したり、アかイかよくわからない記号を書いたりすると、誤答として採点されることがあります。

6　解答用紙に印刷してある□や※□には、なにも書いてはいけません。

7　メモなどには、問題用紙の余白を利用しなさい。

8　「やめなさい。」の指示があったら、すぐに書くのをやめ、解答用紙を机の上に広げて置きなさい。問題用紙は持ち帰りなさい。

9　解答用紙は、検査室からいっさい持ち出してはいけません。

解答用紙

受検番号
（算用数字）
志願校

注意　字数が指定されている設問では、「、」や「。」も一ます使いなさい。

※

※70点満点
（配点非公表）

1

①(1)	①(2)	①(3)	①(4)	②(1)	②(2)	③	④	⑤(1)	⑤(2)	⑤(3)	⑤(4)
			く						〜		

2

①	②	③X	③Y	④	⑤

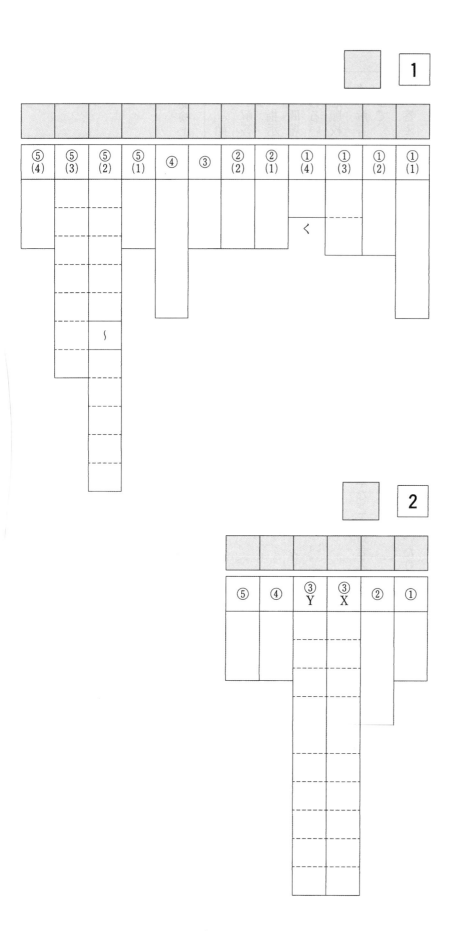

問題は、次のページから始まります。

1　次の①～⑤に答えなさい。

① (1)～(4)の――の部分について、(1)、(2)は漢字の読みを書きなさい。また、(3)、(4)は漢字に直して楷書で書きなさい。

(1) 図書館で貴重な資料を閲覧する。

(2) 計画の枠ぐみを示す。

(3) 駅のカイサツ口で待ち合わせる。

(4) 家の手伝いをココロヨく引き受ける。

② (1)、(2)の文の「もつ」の意味として最も適当なのは、**【国語辞典の一部】**に書かれている**ア**～**キ**のうちではどれですか。それぞれ一つ答えなさい。

(1) 明日まで天気がもつだろうか。

(2) 新任の先生が一年生のクラスをもつ。

【国語辞典の一部】

も・つ**【持つ】**［一］（他五）**ア** 手のなかに入れて保つ。手に取る。　**イ** 身につける。携帯する。　**ウ** 受けもつ。担当する。

エ 性質をそなえる。　**オ** 心にいだく。　**カ** 費用を負担する。

［二］（自五）**キ** ながくその状態を保つ。

③ 次のそれぞれの場面における敬語の使い方として適当なのは、**ア**～**エ**のうちではどれですか。一つ答えなさい。

ア（生徒が職員室で先生の在室を確認するとき）「秋山先生はいらっしゃられますか。」

イ（博物館の学芸員が来館者に質問を促すとき）「何なりとおうかがいください。」

ウ（レストランの店員が注文の商品を提供したとき）「ご注文の品はおそろいになりましたでしょうか。」

エ（駅員が回送列車のアナウンスをするとき）「この列車にはご乗車になれません。」

④ 「満足」と熟語の構成（組み立て）が同じものは、**ア**～**カ**のうちではどれですか。すべて答えなさい。

ア 拡大　**イ** 売買　**ウ** 年長　**エ** 自立　**オ** 温暖　**カ** 最新

⑤　太郎さんは、四字熟語について調べたことを国語の授業で発表することになりました。次の【発表原稿】を読んで、(1)～(4)に答えなさい。

【発表原稿】

私は、馬耳東風という四字熟語について、辞書を使って調べました。辞書によると、この四字熟語は「人の意見や批評などを心にとめずに聞き流すこと」という意味で、中国の詩人、李白《りはく》の漢詩句「東風の馬耳を射るがごとき有り」という表現が元になっているようです。「東風」は春風、「馬耳を射る」は馬の耳を吹き抜けること。李白が優れた詩を作っても、世間から認められないことを、心地よい春風に対する馬の無関心ぶりでたとえているそうです。

ところでみなさん、李白はなぜ、西風や北風ではなく、東風を漢詩句に用いたのでしょうか。東風を用いることの効果について、中国文学の研究者である村上哲見《むらかみてつみ》さんは、著書の中で、せっかくの和やかな春風なのにと、無関心が強調されると述べておられます。日本と同様、中国でも東風は、穏やかな春をイメージさせることばだったのでしょう。春の訪れに心躍らせる人たちの姿が、何の感動も示さない馬の様子をきわ立たせるという効果を考えて、李白は意図的に東風ということばを用いたのだと思います。以上で発表を終わります。

(1)　馬耳東風という四字熟語を使った例文として最も適当なのは、**ア**～**エ**のうちではどれですか。一つ答えなさい。

ア　運動の得意な彼がリレーで転倒するとは、馬耳東風だ。

イ　せっかく何度もアドバイスしたのに、彼には馬耳東風だった。

ウ　高性能な携帯端末も、上手に使いこなせない彼には馬耳東風だ。

エ　立ちはだかる困難を、彼は馬耳東風とこなしていく。

(2)　村上哲見さんの書籍からの引用であることがわかるように、「　」をつけるのが適当な部分はどこからどこまでですか。その部分のはじめと終わりの五字を抜き出して書きなさい。

(3)　「李白は……思います」とありますが、太郎さんがこのように考えた理由を説明した次の文の□に入れるのに適当なことばを、【発表原稿】から七字で抜き出して書きなさい。

東風ということばを用いたほうが、春の訪れを喜ぶ人間の姿との対比から□がきわ立ち、李白の詩が世間に認められないことを印象的に表現できるから。

(4)　太郎さんの書いた【発表原稿】の特徴を説明したものとして最も適当なのは、**ア**～**エ**のうちではどれですか。一つ答えなさい。

ア　途中で聞き手に質問を投げかけ、説明だけの単調な発表にならないようにしている。

イ　複数の資料から得た情報を専門家の見解と照合し、発表内容の妥当性を検証している。

ウ　調査のなかで生じた疑問点について、実体験をもとに独自の答えを導き出している。

エ　著作権に配慮し、参考とした書籍の奥付の内容をすべて明示して資料を引用している。

2

次の文章は、能を大成した世阿弥《ぜあみ》の『風姿花伝』の一節について、原文を引用しつつ書かれた解説文です。これを読んで、①～⑤に答えなさい。

「秘密にしているからこそ花なのであって、さもなければ花とは言えない」という文言がある。この違いを知ることこそが、もっとも大切な花なのである。

「秘すれば花なり　秘せずは花なるべからず」となり。この分け目を知ること、肝要の花なり。

『風姿花伝』の中で、これはもっとも有名な言葉でしょう。

世阿弥は能の演技のありようを、「花」という言葉で表現しています。その「花」が意味することは、決して「ロマンティックな美しさ」ではなく、散る宿命にあることを凝視した上でなお追究していくⓐ「リアリスティックな美しさ」でした。

それを世阿弥は「まことの花」とも呼んでいます。その厳しさは次の言葉にもよく表れています。

どんな花でも散らないで残るものはない。散るからこそ、また咲く頃になると、美しいと感嘆するのである。能も、同じ表現ばかりに留《とど》まっていないことが花なのだということを、まず知っておくべきである。

いづれの花か散らで残るべき。散るⓑゆゑによりて咲くころあれば、珍しきなり。能も、住するところなきを、まづ花と知るべし。

こうした言葉の中にも、世阿弥の能理論が戦略的な様相を呈していることがわかります。「住する」（停滞する）ことなき努力があってはじめて、「花」としての面白さも魅力も生まれて観客を喜ばせるからです。

ところで、ⓒこの「花の戦略」とも言うべきものは、ついには、はじめに掲げた「秘すれば花」の境地にまで徹底されていきます。世阿弥自身がこのことを「兵法」にたとえているように、この「秘すれば花」は、あたかも軍事作戦の最高機密にかかわるような話でしょう。「これは花ですよ」ということが観客に知られず、ただ面白いと感じてもらえる場合こそが、演技者にとっての花なのだ、というのです。

しかし、こうした芸当は、必ずしも歯を食いしばって会得《えとく》するようなものではありません。自分の意思を超えた因果の力や時運のようなものもあるからです。また、観客の好みも多種多様なため、おのずとさまざま「花」が要求されることになる。だから、と世阿弥は結論に至ります。

それぞれの人の心によって花もまた多様なものである。だからどの花が真実かは言うことができない。ただその時々の求めに役立つものが、花なのだと知るべきである。

これ、人々《にんにん》心々《こころごころ》の花なり。いづれをまこととせんや。ただⓓ時に用ゆるをもて花と知るべし。

「人々心々」とは珍しい言葉ですが、つまり、世阿弥が言う「花」は、実体としてどこかにあるものではなく、演技者の演技と観客の心とが通じ合う瞬間に生じるものと言えるのでしょう。

（出典　田畑邦治《たばたくにはる》「『心豊か』に生きるヒントは古典にあり。」）

（注）　ロマンティック——甘美で空想的なこと。
　　　　リアリスティック——現実的なこと。

① ⓐ「リアリスティックな美しさ」とありますが、これについて説明したものとして最も適当なのは、**ア**～**エ**のうちではどれですか。一つ答えなさい。

ア　花は美しく咲いた後に果実を実らせて、咲いていたときよりも深い味わいをかもし出すこと。
イ　花は必ず散ってしまうものだが、再び美しい花を咲かせて新たな感動を人々に呼び起こすこと。
ウ　花はその一つが枯れたとしても、同じ根をもつ別の花が咲き続けることで美しさを保つこと。
エ　花は咲いていないときは誰からも注目されないが、満開のときは多くの人から称賛されること。

② ⓑ「ゆゑ」の読みを、現代かなづかいを用いてひらがなで書きなさい。

③ ⓒ「この『花の戦略』……いきます」とありますが、これについて説明した次の文の X 、 Y に入れるのに適当なことばを、それぞれ十字以内で書きなさい。

演技者には、演技が X ための努力が求められるが、それを Y ことではじめて、演技が人の心を捉えるものになるということ。

④ ⓓ「時に用ゆる」とありますが、これがどういうことかを説明したものとして最も適当なのは、**ア**～**エ**のうちではどれですか。一つ答えなさい。

ア　演技者が、すばらしい演技で観客を魅了するために、舞台に上がる経験を重ねて、演技者としての存在感を大きく示すこと。
イ　演技者が、どのような観客の期待にも応えるために、季節に合わせて演目を変更し、お決まりの演技の型で表現すること。
ウ　演技者が、役者としての高い人気を保持するために、求められる演技を繰り返し披露して、観客からの支持を獲得すること。
エ　演技者が、観客を楽しませるために、観客の好みがさまざまであることを理解し、その都度観客の望む演技で応じること。

⑤ この文章で「花」にたとえられていることとして最も適当なのは、**ア**～**エ**のうちではどれですか。一つ答えなさい。

ア　魅力的な演技を創造するための理論　　**イ**　革新が生み出すロマンティックな演技の特徴
ウ　秘技を開放することによる演技への効果　　**エ**　演技者と観客が心を通わせることの是非

3　次の文章は、自宅で絵画教室を開いている「実弥子《みやこ》」が、この教室に通う「ルイ」、「まゆ」、「ゆず」にお互いをモデルとして絵を描くという課題を出し、絵が描き上がった後、全員で鑑賞している場面です。これを読んで、①～⑤に答えなさい。

ルイが描いたまゆちゃんは、今にも絵の中から飛び出してきそうだった。細密に描かれた鉛筆の下書きの上に、慎重に絵の具が塗り重ねられていた。筆先を使って髪の毛や眉や睫毛《まつげ》が一本一本描かれ、瞳には淡い光がともっていた。まゆちゃんの顔によく似ていると同時に、その心の奥にある芯の強さを感じさせる。頬や指先、膝がしらには淡い桃色がかすかな青を滲《にじ》ませながら置かれていた。生き生きと血の通う、エネルギーの充《み》ちた子どもの身体なのだということを、実物以上に伝えているようだった。

「ルイくん、すばらしいね……」

実弥子は、ルイの絵のすばらしさを伝えるための言葉を探そうとしてうまく見つからず、口ごもった。

「わあ、すごい……。これが私……？」

「まゆちゃんに、にてる」

ゆずちゃんが、感心して言った。

「なんだろう、これ……。こんなふうに描いてもらうと、自分が今、ちゃんと生きてここにいるんだって、気がついた気がする……」

まゆちゃんがつぶやいた。ⓐ実弥子ははっとする。

ルイが、まゆちゃんをモデルに絵を描いた。ただそれだけの、シンプルなこと。でも、描かれた絵の中には、今まで見えていなかったその人が見えてくる。言葉では言えない、不思議な存在感を放つ姿が。ルイと希一、それぞれの母親がふと口にした「なんのために絵を描くのか」という問いの答えが、もしかするとこうした絵の中にあるのではないかと、実弥子は思った。

「ねえ、ルイくんって、何年生？」まゆちゃんが訊《き》いた。

「三年」

「うわあ、私より二コも下なんだあ。ⓑやだなあ、こっちは、見せるのはずかしすぎる」

まゆちゃんが自分の絵を隠すように、覆いかぶさった。

「まゆちゃん、絵はね、描き上がったときに、描いた人を離れるんだよ」

実弥子がやさしく言った。

「え？　離れる……？　どういうことですか？」

まゆちゃんが、絵の上に手をのせたまま顔を上げた。

「でき上がった絵は、ひとつの作品だから、でき上がった瞬間に、作者の手から離れて、まわりに自分を見てもらいたいな、という意志が生まれるのよ。それは作品自体の心。描いた人の心とは別に、新しく生まれるの」

問題は，次のページから始まります。

1 次の ① ～ ⑤ の計算をしなさい。⑥，⑦ は指示に従って答えなさい。

① $-5+2\times3$

② $\left(-\frac{4}{9}\right)\times\frac{3}{8}$

③ $(-3)^2-7$

④ $15a^4b^3\div3a^2b\div ab^2$

⑤ $\sqrt{8}-\frac{6}{\sqrt{2}}$

⑥ $(x+6)(x-5)$ を展開しなさい。

⑦ 方程式 $2x^2+x-2=0$ を解きなさい。

2 次の ① ～ ⑤ に答えなさい。

① 次の **【問題】** は，方程式 $6x-10=4x+20$ により解くことができる問題の一つです。 (1) ， (2) に当てはまることばの組み合わせとして最も適当なのは，**ア**～**エ**のうちではどれですか。一つ答えなさい。

【問題】

鉛筆を何人かの子供に配ります。1 人に 6 本ずつ配ると 10 本 (1) ，1 人に 4 本ずつ配ると 20 本 (2) ます。

子供の人数を x 人として，x を求めなさい。

ア (1) 余り (2) 余り
イ (1) 余り (2) 不足し
ウ (1) 不足し (2) 余り
エ (1) 不足し (2) 不足し

② 右の投影図で表される円柱について，立面図は縦 7 cm，横 6 cm の長方形です。この円柱の体積を求めなさい。

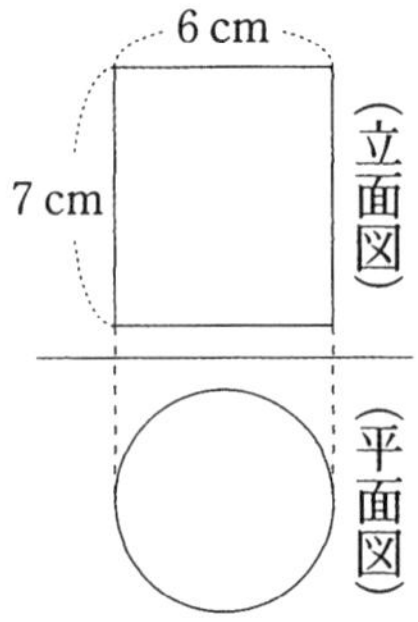

③ あたりくじ 3 本，はずれくじ 2 本の合計 5 本が入った箱があります。A，B の 2 人がこの順に箱から 1 本ずつ引くとき，2 人ともあたりくじを引く確率を求めなさい。ただし，1 回引いたくじは箱の中に戻さないものとし，どのくじが引かれることも同様に確からしいものとします。

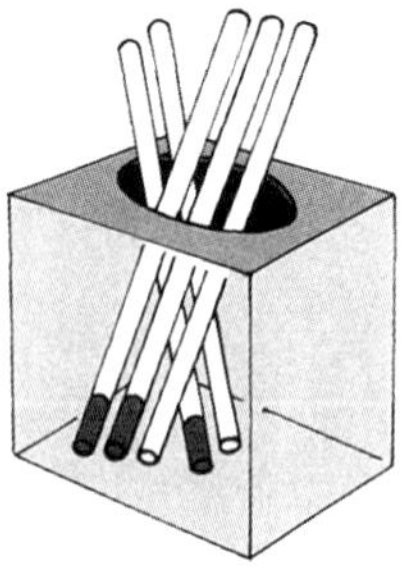

④ $2.5 < \sqrt{a} < 3$ をみたす自然数 a の値をすべて求めなさい。

⑤ 次の図のような，線分ＡＢとその中点Ｍ，直線 ℓ について，**【条件】** をみたす△ＡＢＣを，定規とコンパスを使って作図しなさい。作図に使った線は残しておきなさい。

【条件】
頂点Ｃは直線 ℓ 上にあり，$\angle$ＡＣＢ = 90°，ＡＣ＜ＢＣである。

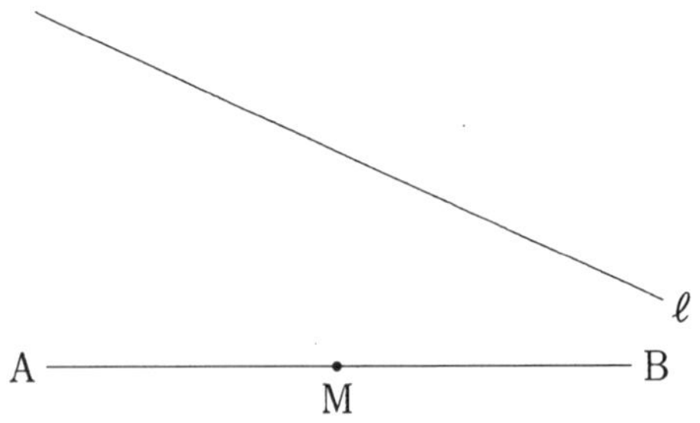

3　次の図のように，関数 $y = x + 2$，$y = 2x + 1$ のグラフをそれぞれ直線 ℓ，m とし，直線 ℓ と x 軸との交点をA，直線 m と y 軸との交点をB，直線 ℓ と直線 m との交点をCとします。①～④に答えなさい。ただし，原点Oから点 $(1,\ 0)$ までの距離，原点Oから点 $(0,\ 1)$ までの距離をそれぞれ1cmとします。

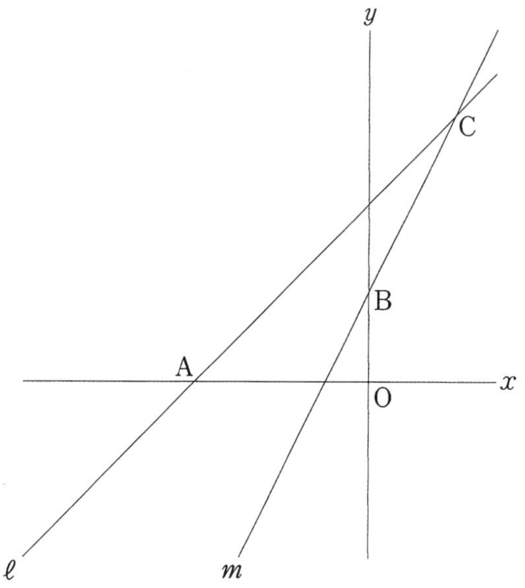

①　関数 $y = 2x + 1$ について，ことがらⅠ，Ⅱの内容の正誤を表したものとして最も適当なのは，**ア**～**エ**のうちではどれですか。一つ答えなさい。

Ⅰ　y は x の一次関数である。　　　　Ⅱ　y は x に比例する。

ア　Ⅰ，Ⅱのどちらも正しい。
イ　Ⅰのみ正しい。
ウ　Ⅱのみ正しい。
エ　Ⅰ，Ⅱのどちらも誤っている。

② 関数 $y = 2x + 1$ について，x の増加量が 4 のとき，y の増加量を求めなさい。

③ 点Cの座標を求めなさい。

④ 点Bから直線 ℓ にひいた垂線と直線 ℓ との交点をPとするとき，線分BPの長さは次のように求めることができます。 (1) ， (2) に適当な数を書きなさい。

> 点Aと点Bを結ぶとき，線分ABの長さは (1) cm である。
> 線分BCの長さを求めると，△ABCが二等辺三角形であることがわかるので，線分BPの長さは (2) cm である。

4　次の図1は，あるつり橋のケーブルの断面と，素線（針金の一種）を正六角形の形に束ねた「ストランド」の断面を表しています。また，図2，3は，同じ種類の素線を1周目，2周目と束ねたストランドの断面の模式図です。このようにして，断面が直径5mmの円である素線を，芯となる素線の周りに1周目，2周目，…と正六角形の形に束ねていくとき，模式図で一辺に並ぶ円の個数とストランドの太さ，素線の本数について，①～③に答えなさい。

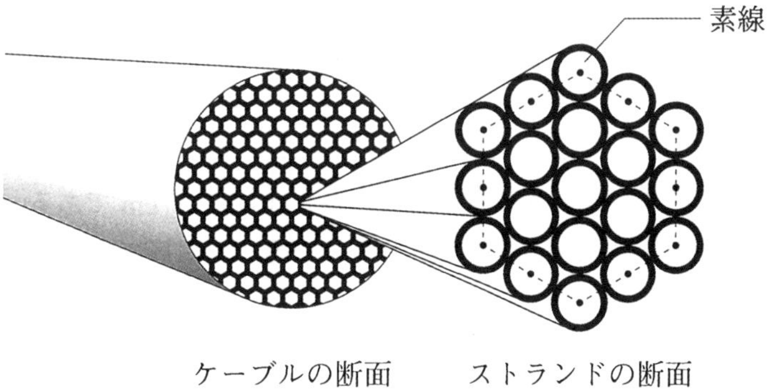

図1

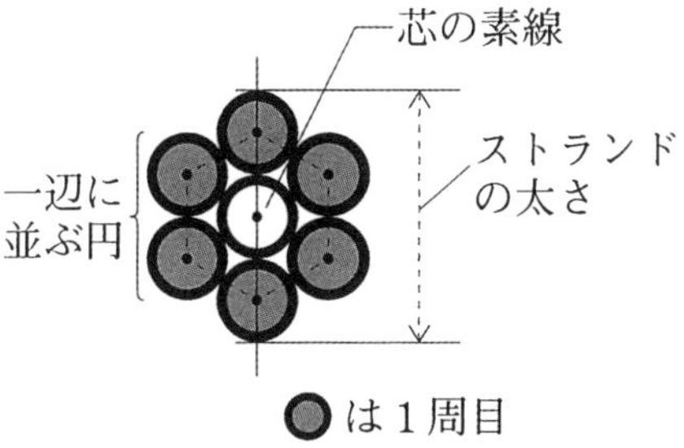

図2

図3

【ストランドの太さについて】

・縦一列に並ぶ円の中心は，すべて同じ直線上にある。

・ストランドの太さは，芯の素線を含む縦一列に並ぶ円の直径の和とする。例えば，図2で表されるストランドの太さは15mmである。

令和４年度学力検査［特別］

英　　語　（45分）

受検上の注意

1　「始めなさい。」の指示があるまで，問題を見てはいけません。

2　解答用紙は，この表紙の裏面です。

3　指示があったら，解答用紙と問題用紙を全部調べなさい。
問題用紙は1ページから10ページにわたって印刷してあります。もし，ページが足りなかったり，やぶれていたり，印刷のわるいところがあったりした場合は，手をあげて監督の先生に言いなさい。そのあと，指示に従って解答用紙に受検番号，志願校名を書き入れてから始めなさい。

4　解答用紙の定められたところに，記号，数，式，ことば，文章などを書き入れて答えるようになっていますから，よく注意して，答えを書くところや書き方をまちがえないようにしなさい。

5　答えが解答欄の外にはみ出したり，アかイかよくわからない記号を書いたりすると，誤答として採点されることがあります。

6　解答用紙に印刷してある □ や ※□ には，なにも書いてはいけません。

7　メモなどには，問題用紙の余白を利用しなさい。

8　「やめなさい。」の指示があったら，すぐに書くのをやめ，解答用紙を机の上に広げて置きなさい。問題用紙は持ち帰りなさい。

9　解答用紙は，検査室からいっさい持ち出してはいけません。

受検番号	(算用数字)	志願校	

解

注意 1 英語で書くところは，活字体，筆記体のどちらで書いてもかまいません。
2 語数が指定されている設問では，「,」や「.」などの符号は語数に含めません。
また，「don't」などの短縮形は，1語とします。

1

A(1)	
A(2)	
A(3)	
B(1)	
B(2)	
C(1)	
C(2)	
C(3)	

2

①(あ)	
①(い)	
②(う)	
②(え)	
③(お)	
③(か)	
④(1)	I like ( ) there.
④(2)	I ( ) for you for one hour.
⑤	

問題は，次のページから始まります。

※教英出版注
音声は，解答集の書籍ＩＤ番号を
教英出版ウェブサイトで入力して
聴くことができます。

1 この問題は聞き取り検査です。**問題Ａ～問題Ｃ**に答えなさい。すべての問題で英語は２回ずつ読まれます。途中でメモをとってもかまいません。

問題Ａ (1)～(3)のそれぞれの英文で説明されている内容として最も適当なのは，**ア～エ**のうちではどれですか。一つ答えなさい。

(1)

ア

イ

ウ

エ

(2)

ア

時　間　割	
1	体　育
2	国　語
3	社　会
4	理　科
昼　食 (12:00 ～ 12:45)	
5	数　学
6	英　語

イ

時　間　割	
1	国　語
2	数　学
3	社　会
4	理　科
昼　食 (12:00 ～ 12:45)	
5	体　育
6	英　語

ウ

時　間　割	
1	数　学
2	英　語
3	社　会
4	理　科
昼　食 (12:00 ～ 12:45)	
5	体　育
6	国　語

エ

時　間　割	
1	体　育
2	理　科
3	英　語
4	国　語
昼　食 (12:00 ～ 12:45)	
5	数　学
6	社　会

(3)

ア

50M 走の順位

１位　Aya
２位　Yoko
３位　Mika

イ

50M 走の順位

１位　Yoko
２位　Aya
３位　Mika

ウ

50M 走の順位

１位　Mika
２位　Yoko
３位　Aya

エ

50M 走の順位

１位　Mika
２位　Aya
３位　Yoko

問題B　(1)，(2)のそれぞれの会話の最後の文に対する応答部分でチャイムが鳴ります。そのチャイムの部分に入れるのに最も適当なのは，**ア**～**エ**のうちではどれですか。一つ答えなさい。

(1)
- **ア**　I see.　I have been there.
- **イ**　I like it.　It has many books.
- **ウ**　No.　I didn't go there by car.
- **エ**　Me too.　The museum was really good.

(2)
- **ア**　You have just eaten dinner.　So you can have it.
- **イ**　Do you want to make one ?　Tell me if you need any help.
- **ウ**　No.　You can eat it after dinner.　That will be better.
- **エ**　Yes.　You need to have it for breakfast tomorrow.

問題C　中学生のTaroのスピーチが英語で読まれます。(1)～(3)に答えなさい。

(1)　スピーチの中でTaroが最初に紹介している写真として最も適当なのは，**ア**～**エ**のうちではどれですか。一つ答えなさい。

ア

イ

ウ

エ

(2)　スピーチの中でTaroが今必要だと思っていることとして最も適当なのは，**ア**～**エ**のうちではどれですか。一つ答えなさい。

ア　家族や友人と過ごすこと　　　**イ**　友人をつくること

ウ　踊りの歴史を学ぶこと　　　**エ**　英語を勉強すること

(3)　スピーチの最後にTaroがした質問に対して，あなたならどのように答えますか。［　　　　］にあなたの答えを英語4語以上で書きなさい。

I think you should ［　　　　］.

2 中学生のRikoとDan，留学生のJustinは同じクラスで，谷先生（Ms. Tani）が英語の授業を担当しています。①～⑤に答えなさい。

① 谷先生が，授業の始めに生徒と話をしました。[(あ)]，[(い)] に入れるのに最も適当なのは，ア～エのうちではどれですか。それぞれ一つ答えなさい。

Ms. Tani : What did you do after you got up ?
Dan : I washed my face and changed my [(あ)] in my room.

(あ) ア clothes　イ classes　ウ buses　エ potatoes

Ms. Tani : How was your weekend ?
Riko : I enjoyed it [(い)] I watched a basketball game.

(い) ア so　イ but　ウ because　エ if

② Rikoが自分たちの住むみどり町をJustinに紹介しました。Rikoが書いたメモの一部を参考にして，[(う)]，[(え)] に最も適当な英語1語をそれぞれ入れ，紹介文の一部を完成させなさい。

メモの一部

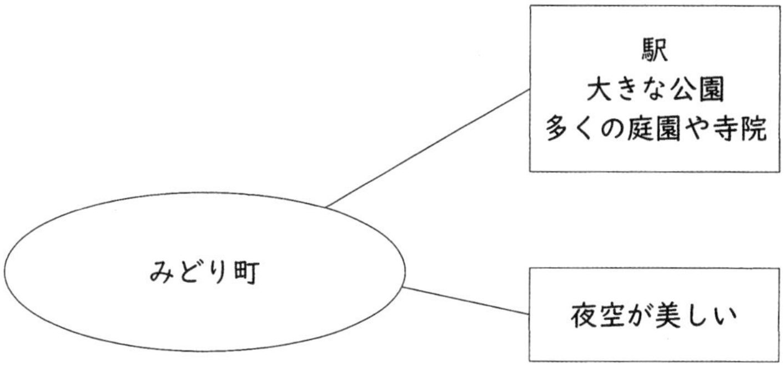

みどり町の紹介文の一部

Midori Town has a station, a big [(う)], and many gardens and temples.
The sky at [(え)] is beautiful.

③　谷先生が，授業中に生徒からの質問にそれぞれ答えました。[(お)]，[(か)]に入れるのに最も適当な英語１語をそれぞれ書きなさい。

Dan　　　：Do you know this book ?
Ms. Tani ：*Yukiguni*.　It is a book [(お)] by Kawabata Yasunari.

Riko　　　：What does “aunt” mean ?
Ms. Tani ：The [(か)] of someone’s father or mother.

④　次の(1)，(2)のそれぞれについて，必要があれば（　　）内の語を適当な形に変えたり，不足している語を補ったりなどして，＜　　　＞の状況で自然な会話になるように英文を完成させなさい。

(1)　＜登校中＞
Justin　：Where is your favorite place in this town ?
Dan　　：Green Soccer Stadium.　I like (go) there.

(2)　＜放課後＞
Riko　　：Oh, Dan !　Where have you been ?　I (look) for you for one hour.
Dan　　：I have been here since this afternoon.

⑤　Dan と Riko がボランティアについてのポスターを見ながら話をしました。ポスターの情報をもとに，あなたが Riko になったつもりで，次の会話の[　　　　]に適当な英語４語を書きなさい。

Dan　　：Which activity are you going to join ?
Riko　　：I want to teach children [　　　　].

ポスター

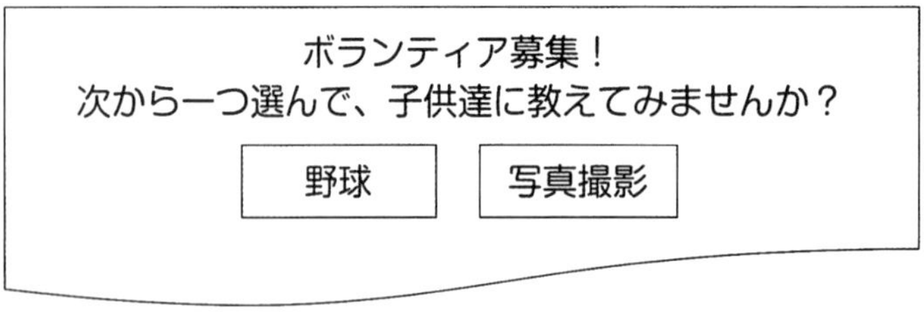
ボランティア募集！
次から一つ選んで、子供達に教えてみませんか？
野球
写真撮影

3 英語クラブの部員のEmiとMatが，部長のFumikaからの連絡用紙を見ながら話をしています。次は，その連絡用紙と会話の英文です。①～④に答えなさい。

連絡用紙

July 15

The plan for Ms. Demby's farewell party

Time: At (あ) p.m. on July 29
- Our club meeting finishes at 3:30 p.m. every Friday.
  So we will have thirty minutes to prepare for the party.

Place: Nagomi Room

Things to bring:
- A thank-you letter
  We will write it at the club meeting next Friday. If you cannot come, please write your letter and bring it to the party.
- A present
  It should be something Japanese. Tell me about your idea next Wednesday.

Things to remember:
- Prepare for the party at Nagomi Room after eating lunch at the school cafeteria on July 28.
- Don't tell her about the party. We hope that she will be surprised.

Fumika

Emi : You were not at the club meeting last Friday. Here is the message from Fumika. Ms. Demby will leave.

Mat : Oh, really ? Our ALT ? I will miss her.

Emi : Me too. Well, what should we give her ?

Mat : How about an *uchiwa* ? She can use it when it is (い) in the summer.

Emi : That sounds good. We must tell Fumika about our idea tomorrow.

〔注〕 farewell party お別れ会　　club meeting 部会，部のミーティング
thank-you letter お礼の手紙　　present プレゼント
school cafeteria 食堂　　miss ～ ～がいなくて寂しい
uchiwa うちわ

1 聞き取り検査

問題A 次の英文が２回読まれるのを聞いて，問題用紙の指示に従って答える。

(1)
There are two cats sleeping on the bed.

(2)
I have a math class in the morning and an English class in the afternoon.

(3)
Yoko runs faster than Mika, but Yoko doesn't run as fast as Aya.

問題B 次の会話が２回読まれるのを聞いて，問題用紙の指示に従って答える。

(1)
A : Yesterday I went to the new library near the museum.
B : How was it ?
A : (チャイム)

(2)
A : Dinner will be ready soon.
B : Oh, I am so hungry. Can I eat this ice cream now ?
A : (チャイム)

問題C 次の英文が２回読まれるのを聞いて，問題用紙の指示に従って答える。

I am going to talk about my experience in the summer. On July 25, I went to Sun Beach. Look at the first picture. The boy swimming with me is my brother, Daiki. We enjoyed swimming. On August 5, I went to the summer festival with my friend, Mike. Here's the second picture. When Mike saw many dancers, he asked me about the history of the dance. I knew something about it, but I couldn't answer the question in English. So now I think I have to study English harder. How should I study English ?

① (あ) に入れるのに最も適当なのは，ア～エのうちではどれですか。一つ答えなさい。

ア　3:00　　イ　3:30　　ウ　3:45　　エ　4:00

② 連絡用紙からわかる内容として最も適当なのは，ア～エのうちではどれですか。一つ答えなさい。

ア　The club members are going to meet a new ALT in July.
イ　The club members have to write a letter at the party.
ウ　The club members can prepare for the party at the school cafeteria on July 28.
エ　The club members must not tell Ms. Demby about the party.

③ あなたが Mat になったつもりで， (い) に適当な英語1語を書きなさい。

④ 次のカレンダーで Emi と Mat が会話している日として最も適当なのは，ア～エのうちでは，どれですか。一つ答えなさい。

7月

日	月	火	水	木	金	土
					1	2
3	4	5	6	7	8	9
10	11	12	13	14	15	16
17	18	19	20	21	22	23
24	25	26	27	28	29	30
31						

ア　7月15日　　イ　7月19日　　ウ　7月20日　　エ　7月22日

4 Yuyaは，漁船漁業（capture fisheries）と養殖業（aquaculture）を合わせた魚の生産量（fish production）についてのグラフ（graph）を見せながら発表をしました。次の英文は，その発表と，発表を聞いたSakiとの会話の一部です。①～⑤に答えなさい。

■発表

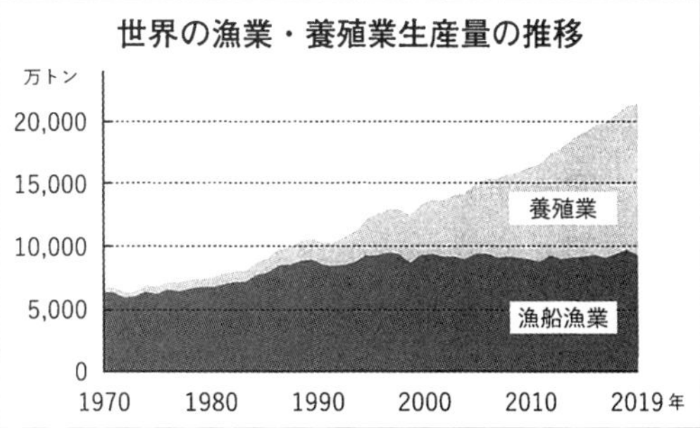

graph 水産白書をもとに作成

How much fish do you eat in a year ? Now people in the world are eating more fish. So, it's necessary to keep stable fish production.

Look at the graph. Production from capture fisheries has been almost the same since about 1985. However, aquaculture production is becoming larger and about [(あ)] % of fish production came from aquaculture in 2019. Why ? I think that aquaculture with new technology has brought success to fish production. I'll show you some examples.

Farmers usually need lights to raise fish. Some of them use green LED lights for *hirame*. With more effective lights, *hirame* can swim more in the water, get more food, and grow faster. Before, raising *hirame* took about twelve months, but now it takes about nine months. Farmers can save money because of the green LED lights and the shorter period of raising *hirame*. We may eat cheaper *hirame* in the future.

I have also found another example. Most of the money is used for feeding fish. By using (い)<u>AI technology</u>, farmers can check how much food the fish eats, the weather, and the environment in the sea. The farmers get all the data about them through their smartphones. Then they can decide the right amount of food to give to the fish and when to feed them. Now they just use their smartphones to feed fish. Feeding them well is important because farmers can keep clean water in the sea.

New technology is changing the ways of aquaculture. That may help farmers keep fish production and save money for raising fish. That may also help people keep eating fish and protect the environment.

■会話の一部

Saki : Yuya, I am surprised to know that the period of raising *hirame* is shorter. The difference is about [(う)] months !

Yuya : You are right.

Saki : That's amazing. By the way, [(え)]

Yuya : Well, the sun light mainly has red, green, and blue light. Each light has different waves that can reach different depths in the sea. Farmers say that *hirame* can get bigger in the water especially with the green lights.

Saki : That's interesting !

〔注〕

stable　安定した	farmer　養殖業者	light　照明，光
raise～　～を養殖する	LED light　LED灯	*hirame*　ヒラメ
food　えさ	period　期間	feed～　～にえさを与える
environment　環境	data　データ	smartphone　スマートフォン
amount　量	difference　差	mainly　主に
wave　波長	reach～　～に達する	depth　深さ

① [(あ)] に入れるのに最も適当なのは，ア～エのうちではどれですか。一つ答えなさい。

ア　5　　イ　25　　ウ　55　　エ　85

② Sakiは発表を聞きながら，下線部(い)によっておこる内容をまとめました。次の [(1)] について当てはまるものは，ア～エのうちではどれですか。二つ答えなさい。また，[(2)] に適当な日本語を入れなさい。

養殖業者が確認する
・[(1)]
・
・海中の環境

⇒

養殖業者が決定する
魚に与える適正なえさの量と [(2)] べきか

ア　魚の体長　　イ　食べるえさの量　　ウ　食べるえさの形状　　エ　天気

③ [(う)] に入れるのに最も適当な英語1語を書きなさい。

④ [(え)] に入れるのに最も適当なのは，ア～エのうちではどれですか。一つ答えなさい。

ア　when was the green light made ?
イ　how is the green light used in the water ?
ウ　where do farmers feed *hirame* ?
エ　why do farmers choose the green light ?

⑤ 発表の中でYuyaが伝えたい内容として最も適当なのは，ア～エのうちではどれですか。一つ答えなさい。

ア　Production from capture fisheries will be bigger because of new technology.
イ　New technology used for aquaculture is dangerous for people's health.
ウ　Using new technology for aquaculture may be useful for both people and nature.
エ　All farmers must use new technology if they want to solve problems about feeding.

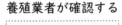

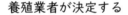

5 次の英文を読んで，①～⑥に答えなさい。

Can you imagine your life without medicine ? Many people around the world cannot buy medicine or go to a [(あ)] when they are sick. Here's a story about one Japanese woman helping those people in Africa.

When she was a university student, she became a volunteer in India. She learned that there were a lot of poor people who could not get medical care. After that, she went to Niger to join another volunteer work. Though she kept telling people there that medicine was important, they still could not get it. There were (い)<u>some reasons</u> for that. Medical costs were too high for them. People in remote villages also had to use time and pay money to get to hospitals in cities. People had to wait for hours at hospitals, too. She began to think, "What can I do to carry medicine to the people who need it ? How can I make a sustainable system which local people can use ?" To find the answers, she went back to Japan and studied more about medicine and business. Finally, she got an idea called the *okigusuri* system.

Have you ever heard of *okigusuri* ? It's the traditional Japanese " [(う)] " medicine system which started about 300 years ago. During the Edo period, people could not go to cities easily and families were quite large. So people used *okigusuri* boxes full of medicine. These boxes were put at homes and money was collected after medicine was used. This system became popular. The life in Niger now reminded her of life in the Edo period. She thought that *okigusuri* was useful for people in Niger, too.

In 2014, she made a NPO team with other members to spread the *okigusuri* system in Africa. Her team chose the medicine which local people needed and put it in their *okigusuri* boxes. Then its members started to transport the boxes to remote villages. Transporting medicine took a lot of time because *okigusuri* was a new system. It was difficult and expensive. However, later more villages joined this system and the transport procedure became easier. That made the transport costs [(え)]. The team also gave people in those villages in Africa medical advice. Now the people there can live with safe medicine because of the *okigusuri* system. This system helps people solve some medical problems.

She said, "All the people in Africa should get medicine. In the future, I hope that local people can [(お)] by using this *okigusuri* system. That's my goal. For their better lives, we really want more people in the world to know about our activity and to support us." Her dream has just begun.

〔注〕

medicine 薬	medical 治療の，医療の	Niger ニジェール（アフリカの国名）
cost 費用	remote 離れたところにある	village 村
pay ～ ～を支払う	sustainable 持続可能な	business ビジネス，経済，経営
the Edo period 江戸時代	NPO 非営利組織	spread ～ ～を広める
transport 輸送する，輸送	procedure 手順，方法	safe 安全な

① [　(あ)　] に入れるのに適当な職業を表す英語１語を書きなさい。

② 下線部(い)について，当てはまらないものは，ア～エのうちではどれですか。一つ答えなさい。

ア 病院でのボランティアが足りないこと　　イ 医療費が高いこと
ウ 病院に行くまでに時間やお金がかかること　　エ 病院での待ち時間が長いこと

③ [　(う)　]，[　(え)　] に入れる英語の組み合わせとして最も適当なのは，ア～エのうちではどれですか。一つ答えなさい。

ア (う) pay first, use later　　(え) higher
イ (う) use first, pay later　　(え) lower
ウ (う) use first, pay later　　(え) higher
エ (う) pay first, use later　　(え) lower

④ [　(お)　] に入れるのに最も適当なのは，ア～エのうちではどれですか。一つ答えなさい。

ア travel to many foreign countries　　イ introduce Africa to the world
ウ live longer with no medicine　　エ take care of themselves in Africa

⑤ 紹介されている日本人女性に関する出来事を，次のア～エのように表した。英文で書かれている順にア～エを並べ替えなさい。

ア She started a NPO in Africa.
イ She did volunteer activities in Niger.
ウ She got an idea about the *okigusuri* system.
エ She worked as a volunteer in India.

⑥ 本文の内容と合っているのは，ア～オのうちではどれですか。当てはまるものをすべて答えなさい。

ア People in Niger started to get medicine soon after she asked for it.
イ An idea about a medicine system came to her during her stay in Niger.
ウ She remembered life in the Edo period when she saw the life in Niger now.
エ People in Africa got useful advice about their health from her NPO team.
オ She has already finished spreading the *okigusuri* system all over Africa.

用　紙

※

※70点満点
（配点非公表）

3

①	
②	
③	
④	

4

①	
②(1)	
②(2)	
③	
④	
⑤	

5

①	
②	
③	
④	
⑤	→ → →
⑥	

① 表の (あ) ～ (う) に適当な数を書きなさい。

周（周目）	1	2	3	…	(い)	…
一辺に並ぶ円の個数（個）	2	3	4	…	(う)	…
ストランドの太さ（mm）	15	25	(あ)	…	65	…

② n が自然数のとき，ストランドの n 周目にある素線の本数を表す式は，次のように求めることができます。 (え) ， (お) に適当な式を書きなさい。

・n 周目の模式図で，一辺に並ぶ円を図4のように囲むと，
1つの囲みに円が (え) 個ある。
・同じ囲みが6つあるから，この囲みで数えた円は，
6 ×（ (え) ）個になる。
・各頂点の円を2回数えているから，n 周目のすべての円は，
6 ×（ (え) ）個より頂点の数だけ少ない。よって，n 周目にある円の個数を表す式は， (お) である。

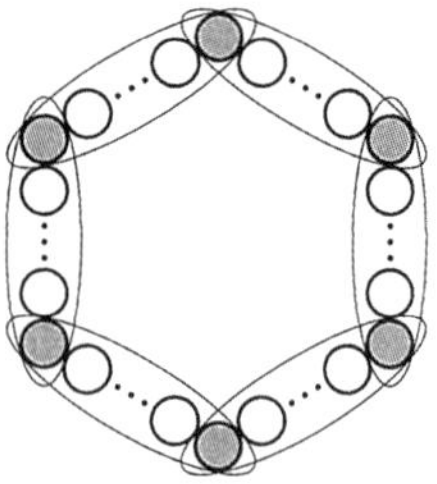

図4

したがって，ストランドの n 周目にある素線の本数を表す式は， (お) になる。

③ 太さ 65 mm のストランドに使われている素線は，全部で何本になるかを求めなさい。ただし，芯の素線も含みます。

5　次は，1年生の図書委員のレポートです。①，②に答えなさい。

図書室利用と読書時間について

1年図書委員

1　目的

読書時間を増やすため，1年生（70名）の現状を分析します。

2　調査Ⅰ

クラスごとに，各個人の1か月間の図書室の利用回数をヒストグラムに表しました。

例えば，どちらのクラスも，利用回数が10回以上12回未満の階級に入っている生徒は3人であることがわかります。

1年1組(35名)

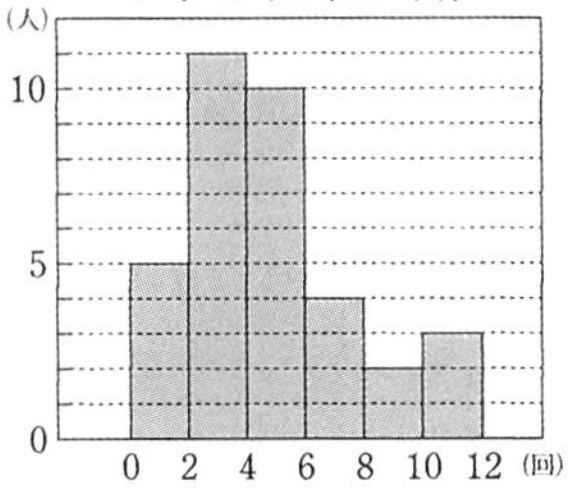

1年2組(35名)

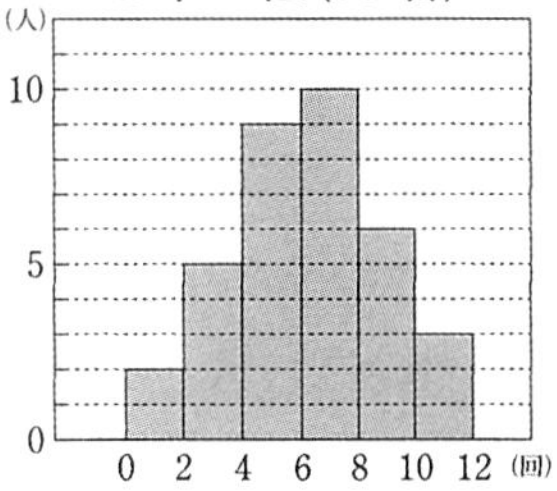

3　調査Ⅱ

1年生全員を対象に，調査Ⅰの利用回数が，

6回未満をAグループ
6回以上をBグループ

に分け，各個人の1日あたりの読書時間を度数分布表に表しました。

度数分布表(1日あたりの読書時間)

階級(分)	Aグループ		Bグループ	
	度数(人)	相対度数	度数(人)	相対度数
以上　未満 0 ～ 10	6	0.14	0	0.00
10 ～ 20	18	0.43	2	0.07
20 ～ 30	8	0.19	8	0.29
30 ～ 40	6	0.14	10	0.36
40 ～ 50	4	0.10	6	0.21
50 ～ 60	0	0.00	2	0.07
合計	42	1.00	28	1.00

4　まとめ

調査Ⅰから1組の生徒の図書室の利用回数は2組と比べて少ない傾向でした。また，調査Ⅱから利用回数が多い人ほど1日あたりの読書時間が多い傾向であると思います。

よって，図書室の利用回数を増やせば読書時間の増加が期待できると思います。今後も，図書室の利用を促す活動をしていきます。

① 調査Ⅰについて，(1)，(2)に答えなさい。

(1) 1年1組について，中央値が入っている階級を答えなさい。

(2) 2つのヒストグラムから読みとれることとして必ず正しいといえるのは，**ア**～**エ**のうちではどれですか。当てはまるものをすべて答えなさい。

ア 1年1組は1年2組より，利用回数が8回以上の人数が少ない。
イ 1年1組は1年2組より，利用回数の分布の範囲が小さい。
ウ 1年1組は1年2組より，ヒストグラムからわかる最頻値が小さい。
エ どちらのヒストグラムも階級の幅は12回である。

② 調査Ⅱについて，(1)，(2)に答えなさい。

(1) 度数分布表をもとに表される，縦軸を相対度数とした度数分布多角形（度数折れ線）として最も適当なのは，**ア**～**エ**のうちではどれですか。一つ答えなさい。

ア

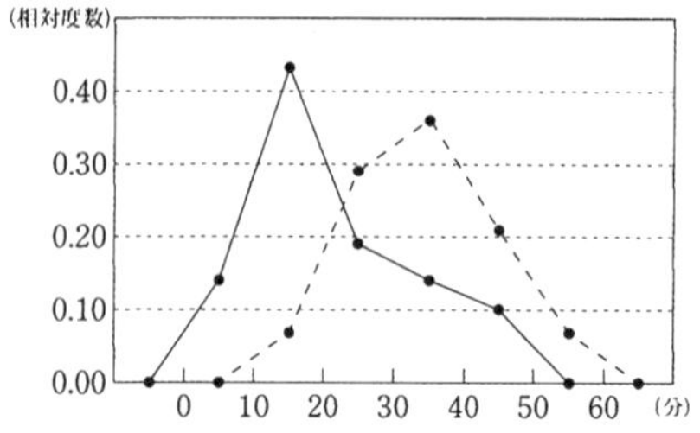

イ

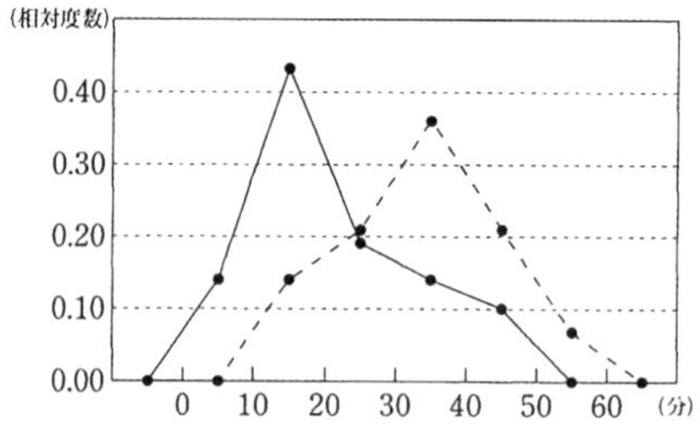

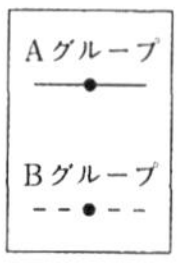

ウ

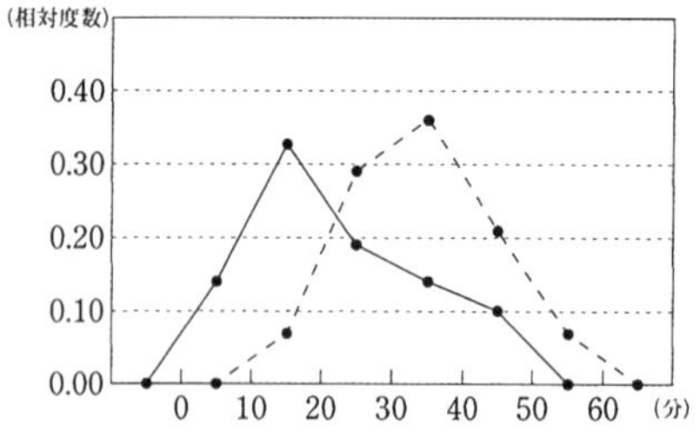

エ

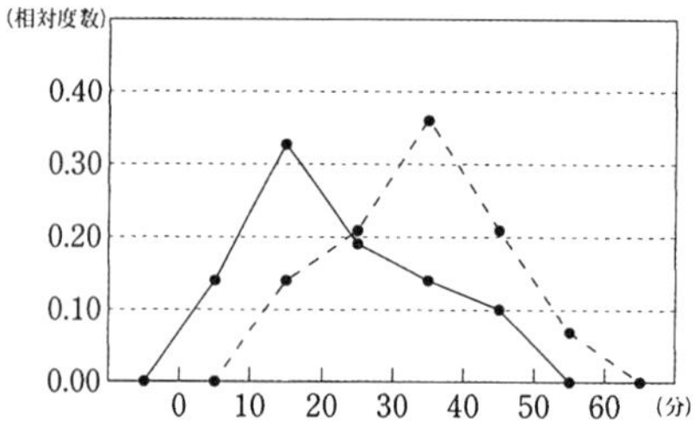

(2) 1日あたりの読書時間の平均値は，Aグループがちょうど20分，Bグループがちょうど35分でした。1年生全員の1日あたりの読書時間の平均値を求めなさい。ただし，答えを求めるまでの過程も書きなさい。

6　次の図１のように，合同な正方形ＡＢＣＤと正方形ＯＥＦＧがあり，頂点Ｏは正方形ＡＢＣＤの対角線の交点に重なり，辺ＢＣと辺ＯＥは垂直に交わっています。次に，正方形ＯＥＦＧを，点Ｏを中心として回転移動させます。図２は，反時計回りに45°だけ回転移動させた図です。太郎さんは，**＜気付きと予想＞**について確認しました。①～③に答えなさい。ただし，点Ｐは辺ＢＣと辺ＯＥとの交点，点Ｑは辺ＣＤと辺ＯＧとの交点とします。

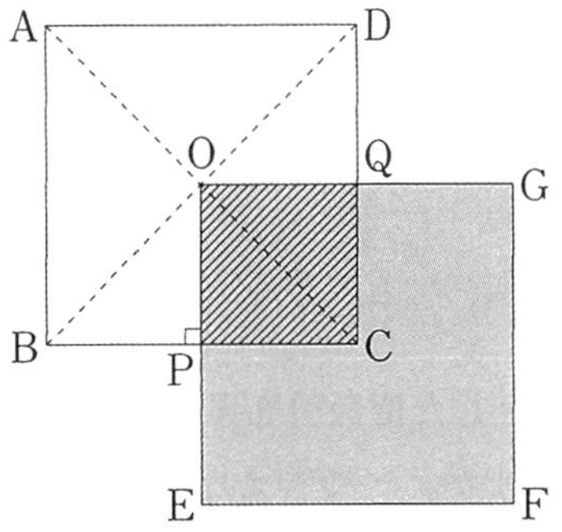

図１

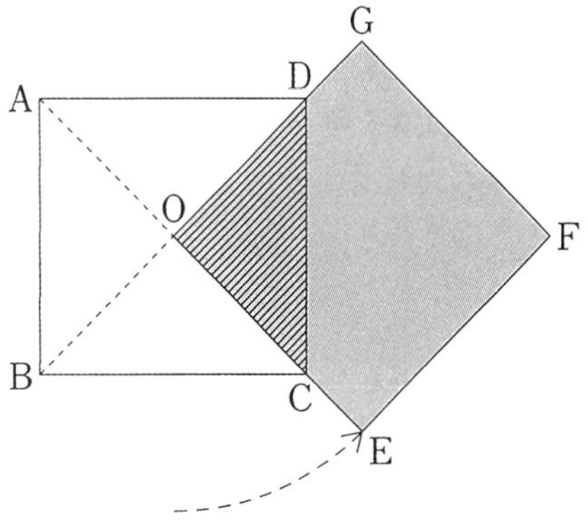

図２

＜気付きと予想＞

図１，２で，２つの正方形が重なる部分（▨）の面積は，どちらも正方形ＡＢＣＤの面積の (あ) 倍です。正方形ＯＥＦＧを図１から図２の状態まで回転移動させる間は，２つの正方形が重なる部分の面積は変化しない，と予想します。

① (あ) に適当な数を書きなさい。

② 太郎さんは，予想を確認するために，正方形ＯＥＦＧをある角度だけ回転移動させた図３で，△ＯＰＣと△ＯＱＤに着目しました。次の**＜太郎さんの確認資料＞**について，（い）に∠ＰＯＣ＝∠ＱＯＤを導くまでの過程を書きなさい。また，（う）に当てはまるものとして最も適当なのは，**ア**～**エ**のうちではどれですか。一つ答えなさい。

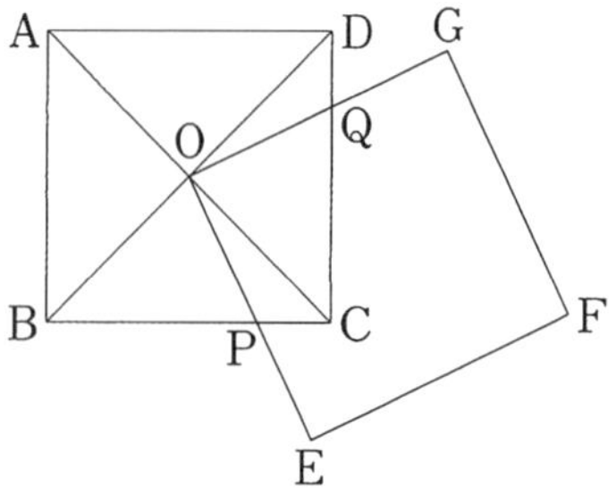

図３

＜太郎さんの確認資料＞

成り立つこと		根拠となること
∠ＯＣＰ＝∠ＯＤＱ＝45° ＯＣ＝ＯＤ	⇐	正方形の対角線は垂直に交わり，長さが等しく，それぞれの中点で交わるので，△ＯＢＣ，△ＯＣＤが直角二等辺三角形。
∠ＰＯＣ＝∠ＱＯＤ	⇐	（い） よって，∠ＰＯＣ＝∠ＱＯＤが成り立つ。
△ＯＰＣ≡△ＯＱＤ	⇐	１組の辺とその両端の角がそれぞれ等しい。

（結論）

△ＯＰＣ≡△ＯＱＤだから，四角形ＯＰＣＱと（う）の面積は等しいので，予想は正しいといえます。

ア 四角形ＯＡＢＰ　　**イ** 四角形ＯＱＤＡ

ウ △ＢＣＤ　　**エ** △ＯＣＤ

③ 右の図４は，辺ＣＤをＣの方に延長した半直線ＤＣと点Ｅが重なるように，正方形ＯＥＦＧを回転移動させた図です。正方形ＡＢＣＤの一辺の長さが６cmのとき，⑴，⑵に答えなさい。

⑴ ∠ＰＥＣの大きさを求めなさい。

⑵ △ＰＥＣの面積を求めなさい。

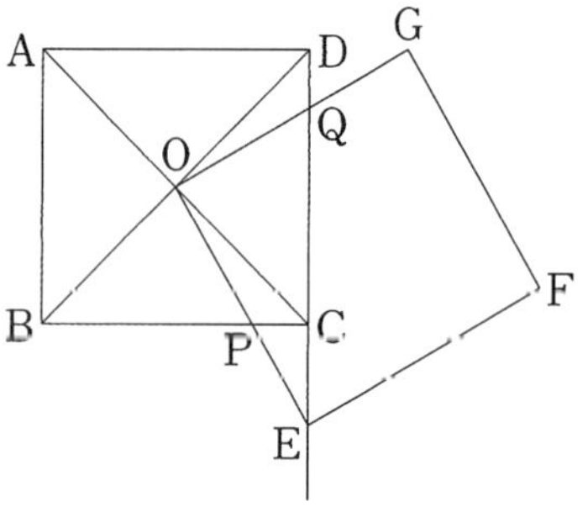

図４

用　紙

※

※70点満点
（配点非公表）

5

①(1)	回以上　　　回未満	
①(2)		
②(1)		
②(2)		

6

①	
②(い)	よって，∠ＰＯＣ＝∠ＱＯＤが成り立つ。
②(う)	
③(1)	(°)
③(2)	(cm^2)

受検番号	(算用数字)	志願校	

解

注意　1　答えに$\sqrt{}$が含まれるときは，$\sqrt{}$をつけたままで答えなさい。
また，$\sqrt{}$の中の数は，できるだけ小さい自然数にしなさい。
2　円周率はπを用いなさい。

1

①	
②	
③	
④	
⑤	
⑥	
⑦	$x=$

2

①	
②	(cm³)
③	
④	$a=$
⑤	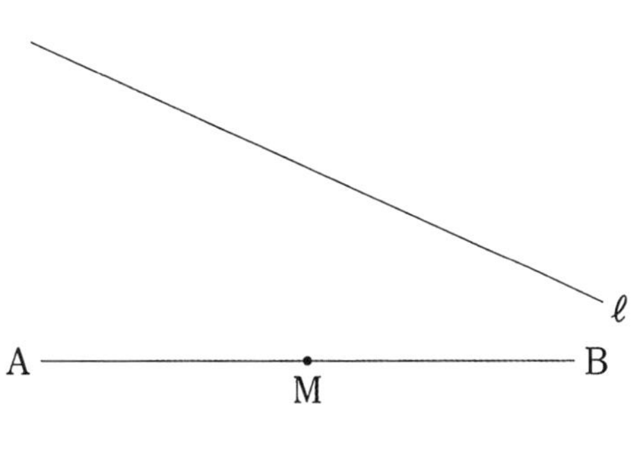

3

①	
②	
③	(,
④(1)	
④(2)	

4

①(あ)		
①(い)(う)	(い)	
	(う)	
②(え)		
②(お)		
③		

令和４年度学力検査［特別］

数　　学　(45分)

受検上の注意

1　「始めなさい。」の指示があるまで，問題を見てはいけません。

2　解答用紙は，この表紙の裏面です。

3　指示があったら，解答用紙と問題用紙を全部調べなさい。
　問題用紙は１ページから10ページにわたって印刷してあります。もし，ページが足りなかったり，やぶれていたり，印刷のわるいところがあったりした場合は，手をあげて監督の先生に言いなさい。そのあと，指示に従って解答用紙に受検番号，志願校名を書き入れてから始めなさい。

4　解答用紙の定められたところに，記号，数，式，ことば，文章などを書き入れて答えるようになっていますから，よく注意して，答えを書くところや書き方をまちがえないようにしなさい。

5　答えが解答欄の外にはみ出したり，アかイかよくわからない記号を書いたりすると，誤答として採点されることがあります。

6　解答用紙に印刷してある □ や □※ には，なにも書いてはいけません。

7　メモなどには，問題用紙の余白を利用しなさい。

8　「やめなさい。」の指示があったら，すぐに書くのをやめ，解答用紙を机の上に広げて置きなさい。問題用紙は持ち帰りなさい。

9　解答用紙は，検査室からいっさい持ち出してはいけません。

「……ほんとに？」
まゆちゃんの眉が少し下がり、不安そうに数度まばたきをした。
「そうよ。たとえば、今ルイくんの描いたこの絵は、ルイくんだけのものだって思う？　ルイくんだけが見て、満足すれば、それでいいと思う？」
実弥子の質問に、まゆちゃんは長い睫毛を伏せてしばらく考えた。
「そりゃあ、ルイくんの絵は、上手だから……みんなで一緒に見たいなあって思うけど……」
「まゆちゃんの絵も、みんなが一緒に見たいなあって思ってるよ」
実弥子がそう言ったとき、ルイがその言葉にかぶせるように「見せてよ」と言った。
まゆちゃんは、少し照れたような表情を浮かべて、ルイにちらりと視線を送ってから背筋を伸ばした。
ⓒ「わかった。モデルのルイくんが見たいって言うなら、見せないわけにはいかないよね」
まゆちゃんは、絵の上を覆っていたてのひらを滑らせるように引いた。画用紙の中には、こちらをじっと見据えてまっすぐに立つルイが現れた。（中略）
「やっぱり、それほどでもないし、はずかしい」
くるくると丸めた画用紙を、ルイがつかんだ。
「これ、ほしい」
「ええっ!?」
ⓓまゆちゃんが、目を丸くした。
「ほしいって……、私の、この絵が、気に入った、ってこと？」
ルイが、こくりと頷《うなず》いた。
「そっか、それって、やっぱりまゆちゃんの絵が、とってもすてきだからだよね！」
実弥子がまゆちゃんの肩に、ぽんと手を置いた。
「でも、みなさんの描いた絵は、それぞれ一度持ち帰って、お家《うち》の人に必ず見せて下さいね。そのあとで、どうするかはお母さんたちにも訊いて、みんなでよく相談して決めて下さい」
「相談ってことは、じゃあ、私の絵をルイくんにあげるかわりに、そのルイくんの絵を、私がもらったりしても、いいってこと？」
まゆちゃんが、ローテーブルの上に広げられたままの、自分が描かれたルイの絵を見た。
「いいよ」
ルイがさらりと返事をした。
ⓔまゆちゃんは、どきどきしてきた。ルイが描いた自分の顔が、自分を見ている、とまゆちゃんは思った。ルイが描いた自分。ルイが見ていた自分。
自分が、他の人の目に映っているということを初めて知った気がしたのだった。

自分も、ルイを見て、描いた、とまゆちゃんは思う。よおく見ながら描いているうちに、なんとなく見ていたときには気付かなかったことが見えてきた。（中略）

顔には時間をかけてこだわって描いたけれど、身体の形はうまく描けなかった気がして、まゆちゃんは自信がなかった。でも、ルイにこの絵がほしいと言われて、ずいぶんうれしかった。自分も、ルイが描いてくれた自分の絵はとてもきれいだと思った。その絵が、ほしくなった、とても。なんだろう、この感じ。そこには、自分ではない人がいるようで、確かに自分がいる、とも思う。自分が、別の世界にいる……。

絵の道具を片づけながらまゆちゃんは、水に浮かんだゴムボートに乗ってゆられているような、不思議な心地がしていた。

（出典　東《ひがし》直子《なおこ》「階段にパレット」）

（注）　希一――実弥子の夫。

① ⓐ「実弥子ははっとする」とありますが、その理由を説明した次の文の X 、 Y に入れるのに適当なことばを、 X は十六字、 Y は十字で、文章中から抜き出して書きなさい。

実弥子は、まゆちゃんの「 X 」ということばを聞いて、絵に描かれた人物がその絵のなかで Y ことに気付き、これまで答えを見つけられずにいた絵を描くことの意味について、ヒントを得たように思ったから。

② ⓑ「やだなあ……はずかしすぎる」からⓒ「わかった……いかないよね」までの場面の「まゆ」の心情を整理した【図】を見て、(1)、(2)に答えなさい。

【図】

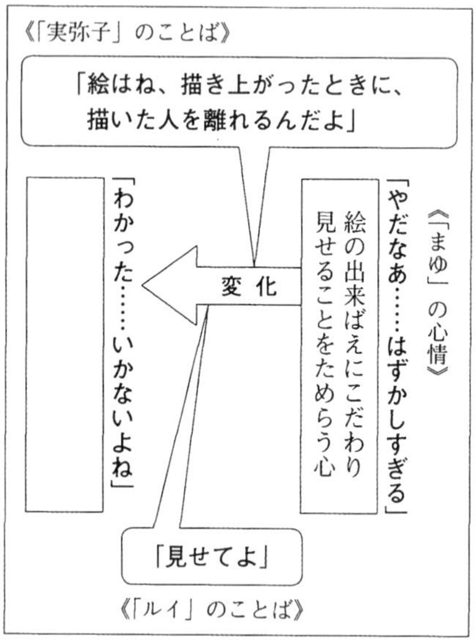

《「実弥子」のことば》
「絵はね、描き上がったときに、描いた人を離れるんだよ」
《「まゆ」の心情》
「やだなあ……はずかしすぎる」
絵の出来ばえにこだわり見せることをためらう心
変化
「わかった……いかないよね」
「見せてよ」
《「ルイ」のことば》

(1) 《「実弥子」のことば》に「絵はね、描き上がったときに、描いた人を離れるんだよ」とありますが、これがどういうことかを説明したものとして最も適当なのは、ア～エのうちではどれですか。一つ答えなさい。

ア　絵は、その目的や出来ばえに関係なく、作品を見る人を和ませるものだということ。

イ　絵は、描かれた内容に関係なく、作者の個性が強く反映されるものだということ。

ウ　絵は、作者の意志に関係なく、鑑賞作品として人々を引きつけるものだということ。

エ　絵は、作品のテーマに関係なく、鑑賞する人が自由に解釈するものだということ。

(2) 【図】の□に入れることばとして最も適当なのは、ア～エのうちではどれですか。一つ答えなさい。

ア　自分にはなかった考え方を受け入れてみようとする心
イ　自分の本心を打ち明けてみようとする心
ウ　相手の意図がどこにあるのかを慎重に探ろうとする心
エ　周囲の期待に率先して応えようとする心

③ ⓓ「まゆちゃんが、目を丸くした」とありますが、このときの「まゆ」の様子を説明した次の文の□に入れるのに適当なことばを、十五字以内で書きなさい。

まゆが、自信がなかった自分の絵を□様子。

④ ⓔ「まゆちゃんは、どきどきしてきた」とありますが、このときの「まゆ」の心情を説明したものとして最も適当なのは、ア～エのうちではどれですか。一つ答えなさい。

ア　ルイが描いた絵を自分に譲ってくれることに感謝しつつ、代わりに自分が描いた絵をルイに譲らなければならないことに緊張を覚えている。
イ　ルイを描いた自分の絵のなかに、何となく見ているだけでは気付けないルイの真の姿が表現されていたことがわかり動揺を隠せずにいる。
ウ　ルイを描いた自分の絵はよい出来ではなかったが、細部まで丁寧に描いた自らの努力をルイがちゃんと見てくれていたことに満足している。
エ　ルイの描いた絵から、自分が存在しているということや生きているということの気付きが得られたことを思い起こし気分が高揚している。

⑤ この文章の表現と内容について説明したものとして最も適当なのは、ア～エのうちではどれですか。一つ答えなさい。

ア　まゆのことばから他者の目に映る自分を意識したことがわかるが、他者の視線を気にするあまり不安を募らせるまゆのあどけない様子が、比喩を用いて印象的に描かれている。
イ　まゆの言動から気付きを得た実弥子のことばによって、まゆも新たな気付きへと自然に導かれていく様子が、絵画教室に通う人たちの温かな人間関係とともに丁寧に描かれている。
ウ　ルイのことばによって、自分の描いた絵を他人に見せることへの恥ずかしさもすっかり消えたまゆの晴れ晴れとした気持ちが、実弥子やルイとの短い会話のなかに表現されている。
エ　ルイの非凡な才能を感じさせる作品から絵を描く意義を見いだし、自分も芸術家として優れた作品を描こうと決めた実弥子の覚悟のほどが、その回想場面に表現されている。

4

次の文章は、世界各地を旅しながら写真家として活動する石川直樹《いしかわなおき》が書いた文章である。これを読んで、①〜⑤に答えなさい。

ⓐ観光旅行に行くことと旅に出ることは違います。観光旅行はガイドブックに紹介された場所や多くの人が何度も見聞きした場所を訪ねることです。そこには実際に見たり触れたりする喜びはあるかもしれませんが、あらかじめ知り得ていた情報を大きく逸脱することはありません。［ⓑ］、旅に出るというのは、未知の場所に足を踏み入れることです。知っている範囲を超えて、勇気を持って新しい場所へ向かうことです。それは、肉体的、空間的な意味あいだけではなく、精神的な部分も含まれます。むしろ、精神的な意味あいのほうが強いといってもいいでしょう。

人を好きになることや新しい友だちを作ること、はじめて一人暮らしをしたり、会社を立ち上げたり、いつもと違う道を通って家に帰ることだって旅の一部だと思うのです。実際に見知らぬ土地を歩いてみるとわかりますが、旅先では孤独を感じたり、不安や心配がつきまといます。旅人は常に少数派で、異邦人で、自分の世界と他者の世界のはざまにあって、さまざまな状況で問いをつきつけられることになります。多かれ少なかれ、世界中のすべての人は旅をしてきたといえるし、生きることはすなわちそういった冒険の連続ではないでしょうか。（中略）

地球上にもはや地理的な空白がほとんど存在しないとしたら、未知のフィールドを求める旅人は、より遠くへ遠くへと視線を投げかけなければいけないのでしょうか。もちろんそうすることもときに必要ですが、未知の領域は実は一番身近な自分自身のなかにもあり、また、現実を超えたもう一つの世界がすぐそばに存在しているとぼくは思います。（中略）

洞窟はその形状からよく人間の胎内にたとえられます。富士山周辺の洞窟の奥には神を祀《まつ》っているところが多いですが、ヨーロッパの洞窟などではその最深部に壁画が描かれています。ⓒ洞窟の奥にある壁画は、見られることを前提に描かれたわけではなさそうです。当時は電灯などはありませんでしたし、深い洞窟の奥で松明《たいまつ》を燃やし続けるのは危険ですから、大半の洞窟壁画は闇のなかで孤独に描かれていました。

壁画のなかでも「ネガティブハンド」と呼ばれる手の形をしたイメージは、ネガフィルムのように反転画像になっています。どうやって描いたかというと、自分の手を壁に置き、その上から口に含んだ顔料を息と一緒に吹き付けたというのです。

闇のなかで壁に向かって一心不乱に顔料を吹きかけるという行為を通じて、古代の人々は何を伝えたかったのでしょう。［ⓓ］、伝えることを目的としていないならば、洞窟の最深部にひっそりと描かれた動物の絵は、何を表しているのでしょうか。

壁画のなかにはもちろん狩猟のサインのような役割を果たしたものもあるはずですが、闇のなかで描くという行為そのものが、時間と空間を飛び越えた別の世界と自分とをつなぐ身ぶりそのものだったのではないでしょうか。壁に向かって絵を描くことや息を吹きかけるという行為を通じて、ある種のトランス状態のなかで自分と向き合い、あるいは祈りを捧《ささ》げ、四次元の世界と現実の世界を行き来していたように思えてなりません。（中略）

いまぼくたちが生きている物質的な空間とは別の世界が確かにあって、それは「ここ」や「あそこ」にあるのではなく、あらゆる場所に存在しています。その世界への通路は、いわゆる「聖地」と呼ばれる場所にひらかれていたり、あるいは想起する力によって自分自身の中に引っ張り込むことも可能になるでしょう。ミクロネシアの航海者や洞窟壁画を描いた人々、沖縄ではノロと呼ばれる神事を司《つかさど》る女性、先住民社会のシャーマン、あるいは現代の優れたアーティストなどは、そのような通路を意識せずに自分の中にもっていて、現実の世界で表現し、誰かに伝えられる力をもっているはずです。

現実の世界とは別の世界を探すプロセスは、そのまま精神の冒険であり、心を揺さぶる何かへと向かう想像力の旅へとつながっていきます。それは実際に世界を歩き回るよりもはるかに難しく、重要なことであるとぼくは考えるのですが、みなさんはどう思われますか？　たとえ世界中のあらゆる場所をくまなく見て回ったとしても、ⓔその人が歩き続けていく限り、未知のフィールドはなくならないどころか、無限に広がっていくばかりです。旅をすることで世界を経験し、想像力の強度を高め、自分自身を未来へと常に投げ出しながら、ようやく近づいてきた新しい世界をぼくはなんとか受け入れていきたいと思っていました。そうすれば、さまざまな境界線をすり抜けて、世界のなかにいるたった一人の「ぼく」として生きていける気がするからです。

いままでに出会ったいくつもの世界や、たくさんの人の顔、なによりも大切な人の笑顔を思い描き、ともに過ごしたかけがえのない時間について心のなかでくり返し問いつづけながら、ⓕいま生きているという冒険にふたたび飛び込んでいくことしか、ぼくにはできないのです。

家の玄関を出て見上げた先にある曇った空こそがすべての空であり、家から駅に向かう途中に感じるかすかな風のなかに、もしかしたら世界のすべてが、そして未知の世界にいたる通路が、かくされているのかもしれません。

（出典　石川直樹「いま生きているという冒険」）

（注）ネガフィルム――被写体の明暗や色が反転した画像がつくられる写真の陰画。
四次元――一般的に、縦・横・高さという空間の三次元に時間の一次元を加えたもの。
トランス――意識が通常とは異なった状態。
ミクロネシア――西太平洋のうち、赤道以北の散在する島々の総称。
シャーマン――精霊などと交信する人物のこと。
プロセス――過程。

① ⓐ「観光旅行……は違います」とありますが、筆者の考える「旅」として適当なのは、**ア**～**カ**のうちではどれですか。二つ答えなさい。

ア　他者と同一の行動をすること。
イ　あえて危険をおかすこと。
ウ　まだ知り得ていない世界に身を置くこと。
エ　目前の問題に適切に対処すること。
オ　地理的に遠い場所に行くこと。
カ　日常において新たな経験を積むこと。

② [ⓑ]、[ⓓ]にそれぞれ入れることばの組み合わせとして最も適当なのは、**ア**～**エ**のうちではどれですか。一つ答えなさい。

ア　ⓑそれから　ⓓたとえ
イ　ⓑ一方　ⓓもし
ウ　ⓑだから　ⓓ全然
エ　ⓑたとえば　ⓓさらに

③ ⓒ「洞窟の……なさそうです」とありますが、洞窟壁画を描くことの意味についての筆者の考えを説明した次の文の［　　］に入れるのに適当なことばを、文章中から十五字で抜き出して書きなさい。

筆者は、洞窟壁画を描くことには、現実世界を生きる今の自分から離れ、［　　］と現実世界とを行き来する意味があったと考えている。

④ ⓔ「その人が……ばかりです」とありますが、これがどういうことかを説明した次の文の［　　］に入れるのに適当なことばを、十字以内で書きなさい。

人は、精神の冒険を繰り返すなかで［　　］ことにより、新しい未知の世界が開かれ、自分の心が揺さぶられる何かに出会える可能性がいくらでも広がるということ。

⑤ ⓕ「いま生きている……できないのです」とありますが、このことばに込められた筆者の思いを説明したものとして最も適当なのは、**ア**～**エ**のうちではどれですか。一つ答えなさい。

ア　異文化世界に触れる旅において、そこに存在する文化をありのままの形で受け入れつつ自らの原点を見つめ直すことで、常に自分と向き合いながら生きていこうという決意。

イ　自分が生きている世界とは別の世界にも助けを求めつつ、あらゆる苦難を乗り越えることによって、さまざまな場面で生きていることを実感しながら旅をしようという決意。

ウ　孤独や不安を抱えつつ新しいことに果敢に挑戦するという旅のなかで、自他の違いから生じる問いへの答えを模索し、自己の存在を確認しながら生きていこうという決意。

エ　世界の神秘的な自然美と出会う度に、次元を超えて生きる自然の姿に感動したが、そうした自然が自分の身近にも存在していることを広く伝えながら旅をしようという決意。

3

① X	① Y	② (1)	② (2)	③	④	⑤

4

①	②	③	④	⑤

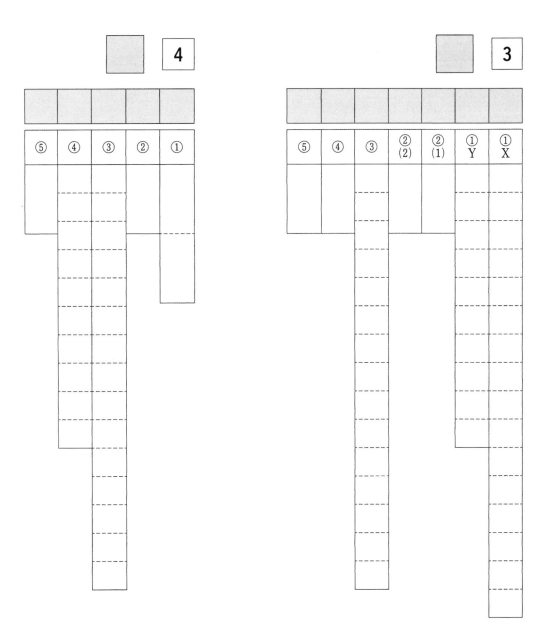